Explorations Pianistiques

LES CARNETS

FSC
www.fsc.org
MIXTE
Papier issu
de sources
responsables
Paper from
responsible sources
FSC® C105338

AVANT-PROPOS

Ce carnet n'est pas une méthode, ni un traité mais bel et bien un carnet d'exploration. Je me contente d'ouvrir des portes à partir du matériel musical qui me stimule. Je ne cherche pas à imposer des réponses ou des certitudes, mais à cultiver un espace où la curiosité n'a pas de destination fixe. Dans cet esprit, les idées présentées ici ne prétendent pas être complètes ni définitives. Elles sont des fragments, des éclats de réflexion qui résonnent avec mes propres pratiques et intuitions. Elles pourraient tout aussi bien éveiller d'autres idées en vous, différentes et inattendues. C'est très bien! Voilà pourquoi je décide de partager cette petite aventure personnelle !

Au fil de mon parcours musical, je réalise quel musicien j'aime être : un explorateur plus qu'un performer. Cette série de carnets d'exploration est née de cette quête personnelle, qui a ravivé en moi un intérêt profond pour le piano et le besoin d'enrichir mon jeu personnel. À travers ces carnets, une de mes ambitions est de créer un pont entre deux univers côtoyant le piano solo : celui du musicien classique, ancré dans la rigueur et l'interprétation, et celui du jazzman, immergé, voir submergé parfois, dans la créativité et la liberté.

En m'appuyant sur des techniques tirées de l'héritage pianistique, j'encourage les musiciens classiques à se tourner vers la création et l'improvisation, tout en offrant aux jazzmen des outils pour structurer leur langage et enrichir leur jeu de techniques qui ont de l'allure. Les concepts que j'explore ici sont des portes d'entrée pour développer une pratique où la tradition rencontre l'invention. Ces explorations sont avant tout le reflet de l'avancée de mon voyage personnel, mais j'ai plaisir à les partager, en espérant qu'elles puissent nourrir d'autres musiciens au moment où ils pourraient en avoir besoin tout en constituant des ressources pédagogiques.

Je tiens à exprimer ma profonde gratitude envers toutes les personnes qui m'ont soutenu tout au long de mon parcours musical, ainsi qu'à celles qui m'ont, dès le début, ouvert les portes de ce précieux patrimoine. Vous vous reconnaîtrez dans ces mots.

Je dédie ces pages aux (musiciens) curieux, à mes (futurs) élèves, à mes pairs, et à tous ceux qui voient dans le piano un monde infini d'exploration. Que ces carnets vous inspirent, vous ouvrent de nouvelles perspectives, et que ce pont entre classique et jazz devienne un espace d'expression pour chacun.

TABLE DES MATIÈRES VOLUME 2

C. Debussy, O. Messiaen, E. Satie, W. Seifen, M. Ravel

05. AMBIANCE LUNAIRE

06. CROISÉE HARMONIQUE

07. TOUR D'HARMONIE

08. PLAT SIGNATURE

05.
AMBIANCE LUNAIRE

Claude Debussy,
Fragments extraits de Et la lune
descend sur le temple qui fut, dans les Images (1907)

COULEURS MODALES À FONCTION DOMINANTE ET OMISSION DE SONS

05.1
Passage original

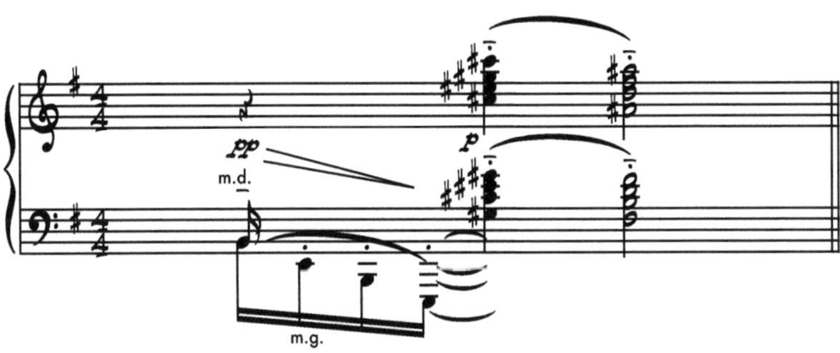

Quelle ambiance lunaire ! Ce passage en constitue un parfait exemple. Ce que j'apprécie le plus dans l'impressionnisme musical, c'est cette capacité unique à créer une atmosphère à travers un choix raffiné de couleurs harmoniques.

Dans cette recherche, je propose d'explorer ces accords afin d'en comprendre le mécanisme et d'identifier ce qui génère cette couleur si singulière. Ce passage m'a également rappelé un extrait d'une pièce de Ravel que j'avais mis de côté pour une future exploration. Il pourrait être intéressant de les confronter plus tard, tant ces deux fragments semblent se répondre et se compléter.

05.2
Simplification et analyse

Voilà une notation en poly-accords qui dessine l'empilement de trois couches.

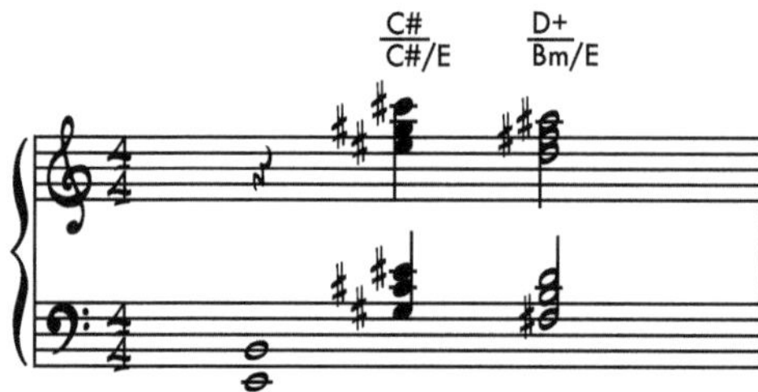

Ces couches ne font pas réellement apparaître l'origine de l'accord duquel elles émergent.

On reconnaît facilement une superposition de triades majeure, mineure et augmentée dont l'omission de certaines notes essentielles à l'identification de l'accord vient renforcer la tension.

Ci-contre, je propose une interprétation de ces deux accords et leur mode associé en cohérence avec les super-positions de triades de la première figure.

On réalise alors que l'harmonie envoûtante de Debussy dissimule en réalité une architecture harmonique basée sur deux accords de dominante.
Le rôle ambigü du E7#11, m'intrigue:

- Traditionnellement, le dernier accord de dominante, le plus tendu induit une résolution. Or, E7#11 est bien moins altéré que l'accord qui le précède. La polarité des tensions est inversée et les attentes harmoniques sont brouillées.

- E7#11 est associé au mode lydien b7, ou lydien dominant. Dans l'univers modal, ce mode remplit deux fonctions : dominante ou tonique ! On pourrait alors presque percevoir dans ce court enchaînement un effet de cadence modale.

Notons également que cette séquence n'est que l'ouverture d'un long passage aboutissant à la tonique : Si. Dans ce contexte, les accords dont nous parlons agissent comme des IVe degrés, dessinant un long mouvement plagal très original !

On retrouve plus loin cette même structure, transposée mais toujours ancrée sur une pédale de mi. Cet enchaînement rappelle l'*Exploration 02*, où le IVe degré se teinte ici des couleurs caractéristiques du mineur mélodique.

Revenons au passage original. Voici les notes qui me semblent donc manquantes.

La tierce et la septième sont des intervalles clés dans l'établissement de la couleur de ces accords complexes. Dans mon idée, l'omission de ces deux notes dans l'exemple initial contribue à l'atmosphère planante annoncée dans le titre de la pièce.

Cela me rappelle inévitablement l'*Exploration 03*, où Ravel attaque l'accord dominant sans tierce, pour la faire apparaître dans l'accord suivant, tandis que Debussy, à l'inverse, commence par une superstructure avec tierce avant de la faire disparaître ensuite. Quelle brillante idée, peu importe le sens !

Résumons les concepts émergeants de ce passage :

- inversion de la polarité de tension : X7b9/13 puis X7#11
- premier accord avec tierce puis omission dans le deuxième
- coloration dominante du degré IV dans une cadence plagale

05.3
Lydien b7, octatonique : lien ?

On dirait que Debussy a trouvé un lien entre le mode lydien dominant (b7) et la gamme à 8 sons (octatonique ou diminuée inversée) ! Le passage de l'un à l'autre se joue sur la seconde du lydien dominant :

L'exemple qui suit illustre le passage, en accord, du lydien dominant vers le diminué inversé, où chaque modulation de la note Ré conduit sur une triade majeure ou mineure appartenant à la gamme octatonique. On obtient un son fort et ici, la polarité des tensions est classique : tension maximale en dernière position.
J'applique également le concept de Ravel : tierce omise dans l'accord 7#11, qui réapparaîtra dans l'accord suivant. Cela permet de jolies conduites de voix internes.

L'astuce de Debussy remet en question le "niveau de dominance" d'un accord dominant. L'accord de dominante semble avoir la capacité de naviguer entre ces propres variantes modales, allant de la plus tendue à la moins tendue. Explorons cela !

05.4
Dominante et
niveau de dominance

L'échelle suivante représente l'agencement indépendant, du plus sombre au plus clair, des modes issus des deux principaux systèmes modaux.

MODES DU SYSTEME MAJEUR

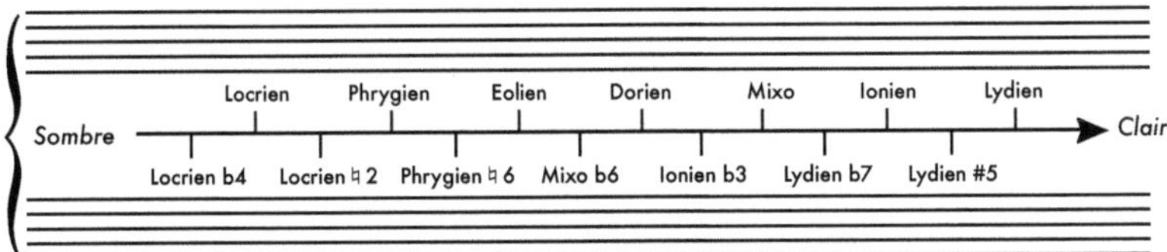

MODES DU SYSTEME MINEUR MÉLODIQUE

Dans le cadre de notre recherche, isolons les modes dominants uniquement. Voici l'ordre, du plus sombre au plus clair, et donc du plus tendu au moins tendu :

(tension forte)   Phrygien → Mixo   (tension faible)

(tension forte)   Locrien b4 → Phrygien ♮6 → Mixo b6 → Lydien b7   (tension faible)

J'ai longuement réfléchi à l'idée de rassembler le tout sur une seule échelle mais je ne suis parvenu à aucun résultat concluant ! Je propose une troisième échelle qui permettrait d'inclure la gamme octatonique (diminuée inversée) que je sens à cheval entre le locrien b4, dont elle partage les 4 premières notes, et le mode lydien b7 dont elle partage les 4 dernières notes :

(tension forte)   Locrien b4 → Diminué inversé → Lydien b7   (tension faible)

05.5
Exploration

Conservons la technique de Debussy: un accord dominant (+) suivi d'un accord dominant (-). Cependant, la gestion de la tierce et de la septième tel que lui le fait n'est pas possible partout. Voici néanmoins quelques positions intéressantes, larges comme serrées.

• Départ depuis le mixolydien vers :

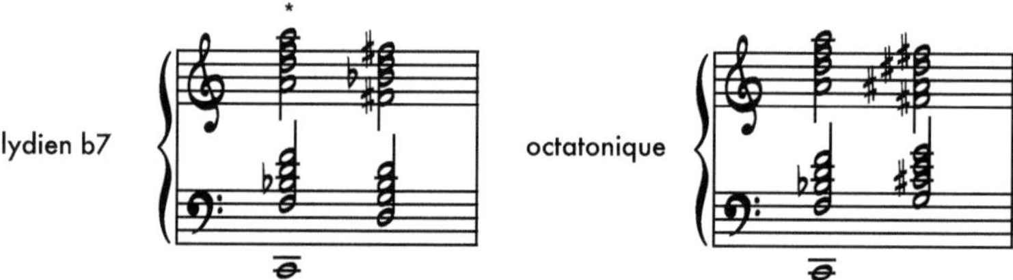

(*) Difficile ici de se passer de la septième qui est le Degré Caractéristique Naturel du mixolydien.
Toutes les superstructures sans septième sont trop proches de l'accord majeur pour obtenir l'effet voulu.

• Départ depuis le mixolydien b6 vers :

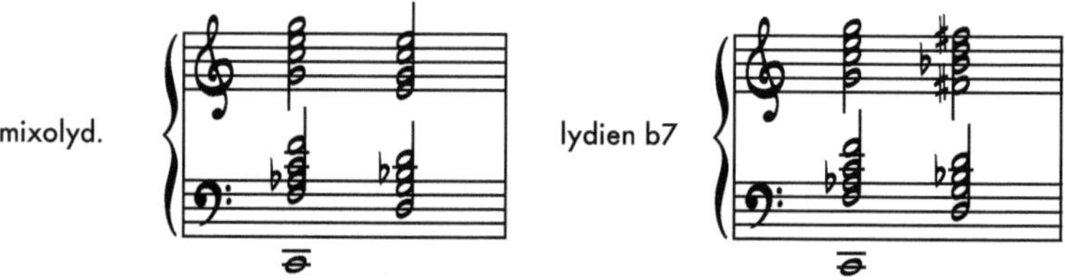

• Départ depuis le phrygien ♮6 vers :

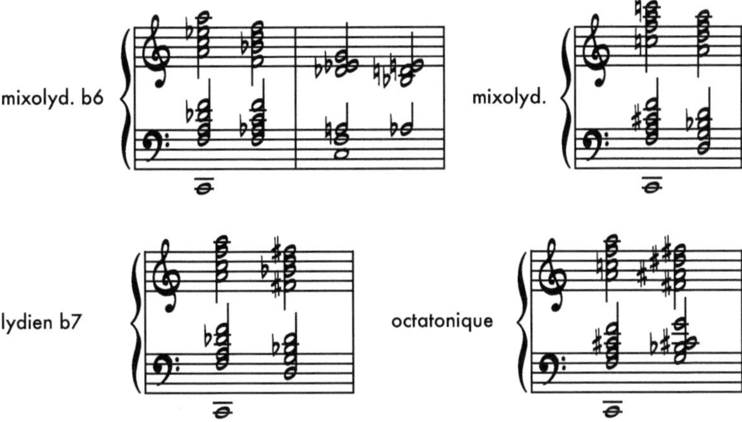

• Départ depuis le phrygien vers :

lydien b7

octatonique

- Départ depuis le locrien b4 vers:

phrygien

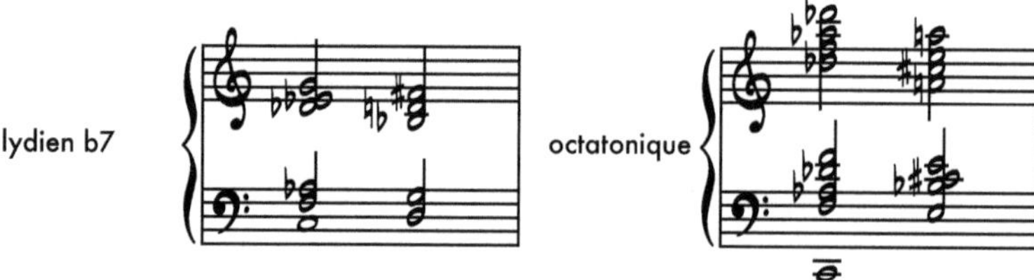

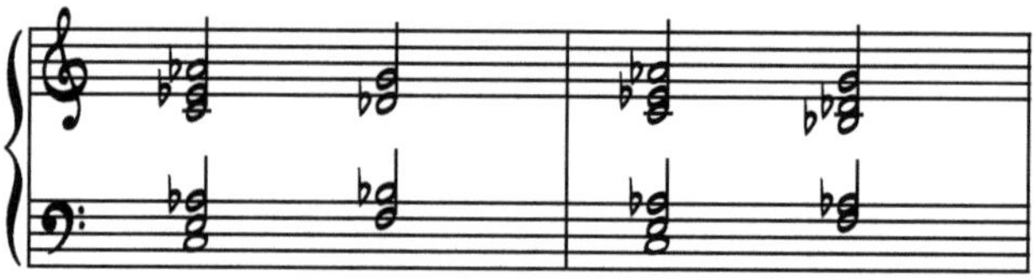

phrygien ♮ 6

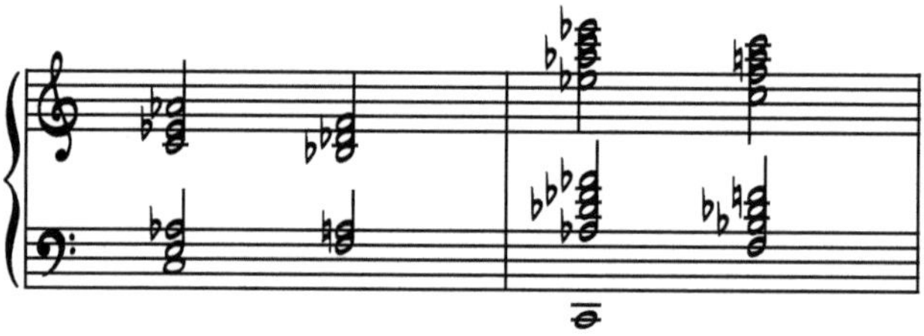

mixolyd. b6

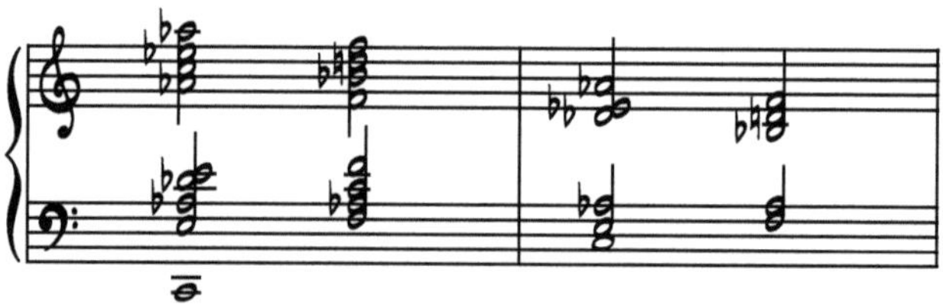

mixolyd.

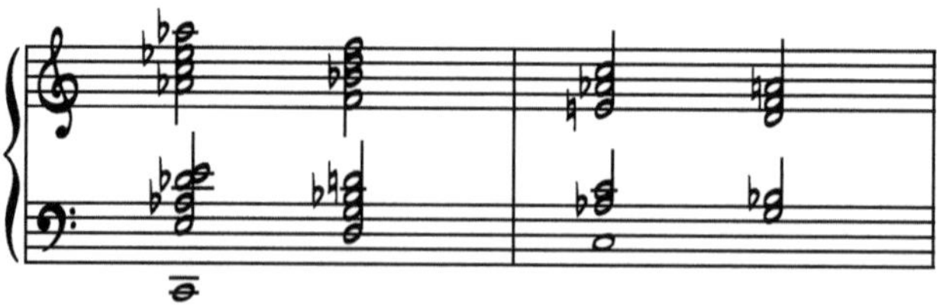

Chacun pourra, selon son goût, s'amuser à revisiter ces propositions, en les adaptant ou non au format initial proposé par Debussy. Improviser ce type de structure demande un effort mental considérable, et transposer tout ce matériel pourrait s'avérer laborieux. Mieux vaut avant tout comprendre le système en profondeur ou utiliser des structures plus condensées, qui offrent déjà des résultats intéressants, même si elles paraissent moins grandioses.

05.6
Autres enchainements

Avec une position de départ plus serrée, depuis le locrien b4 :

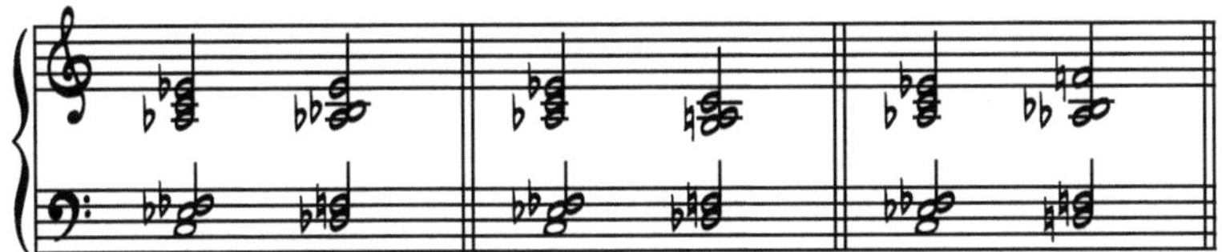

Enchaînement de couleurs dominantes sur pédale de do :

Enchaînement de dominante (+) vers dominante (-) avec jonction mélodique :

C7sus4(b9)
C7#11
C phry. ♮6
C7#11
C7#9/13
C7#11
C7sus4(b6)
C7#11
C7sus4
C7#11
③
④
⑤
⑥
⑦

05.7
Résolutions de l'accord 7#11

J'ai toujours trouvé cet accord difficile à utiliser en tant que dominant justement à cause de son coté trés brillant. Explorons quelques résolutions possibles.

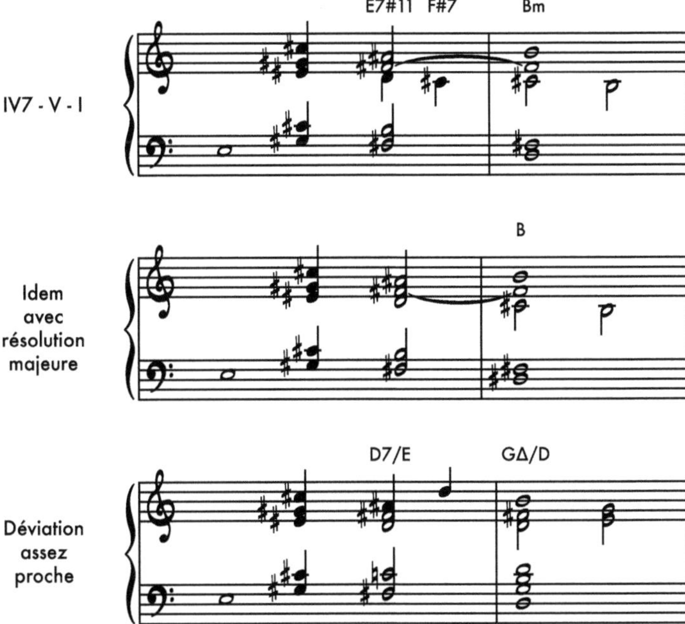

Dans ce dernier exemple, j'utilise la triade augmentée D+ pour justifier ce changem-
ent vers GΔ. La quinte augmentée mène à la tierce de G et le mouvement de basse
inattendu crée une cadence simple mais originale.

05.8
Exercice

Avant de conclure cette recherche, je propose un petit exercice, relativement complexe mais d'un grand charme. Il permettra de développer la capacité à créer une ambiance à partir d'une note pédale et de la configuration proposée par Debussy.

Poursuivez l'amorce de cette phrase dessinée par la voix supérieure ! Imaginez votre propre suite mélodique et choisissez les modes qui l'habilleraient le mieux.

Notez la particularité de la première mesure ! C'est précisément le passage que je voulais comparer avec le fragment de cette exploration. Il est tiré de *Soupir*, le premier des *Trois poèmes de Stéphane Mallarmé* mis en musique par Ravel. Que ce soit intentionnel ou non, peu importe : Ravel nous offre ici une variante de la technique de Debussy, teintée d'une couleur octatonique. La basse et les accords à la main gauche y sont bien présents, tandis que la main droite adopte une approche plus contrapuntique. L'ensemble s'intègre parfaitement à la technique de Debussy, reportée dans la deuxième mesure de cette amorce d'exercice.

Voici le passage tel qu'il est présenté par Ravel, sur trois portées comme souvent lorsque les couches harmoniques deviennent plus complexes. Je vous laisse apprécier le choix des notes, la similitude avec l'exemple de Debussy et l'ambiance incroyable qui se dégage également de ce passage. Les deux derniers accords mériteraient une petite exploration supplémentaire à eux seuls.

05.9
Conclusion

Encore une belle leçon du maître Français, ou l'art d'apporter de la subtilité à des concepts déjà bien complexes. La maîtrise de la couleur est incroyable, et c'est précisément ce qui me fascine dans cette période de l'histoire de la musique. On y découvre une palette plus subtile, flottante et nuancée, tantôt vaporeuse et étrange, tantôt ambigüe et contemplative. Loin des tensions dramatiques du romantisme et de l'expression d'histoires intérieures et personnelles, on est plutôt dans l'évocation que dans l'affirmation. Ambiances, paysages sonores et moments suspendus : autant d'impressions parfaitement illustrées dans cette exploration pianistique autour des accords denses employés par Debussy.

06.
CROISÉE HARMONIQUE

Olivier Messiaen,
Fragment extrait des Techniques de mon langage musical

ACCORD PANDIATONIQUE, APPOGGIATURES ÉTRANGÈRES ET BITONALITÉ

06.1
Présentation du fragment

Voici un passage que j'avais repéré il y a fort longtemps mais sur lequel je ne m'étais encore jamais penché. C'est l'exemple 203 du chapitre XIV du livre de Messiaen : *Techniques de mon langage musical*, publié en 1942 et dans lequel il détaille son esthétique et notamment son usage des modes à transposition limitée pour lesquels il est, entre autres, reconnu. On y trouve d'autres manipulations harmoniques intéressantes, comme l'utilisation des appoggiatures harmoniques, un procédé que j'ai l'impression de retrouver fréquemment chez les compositeurs que je visite dans ces explorations. Ce procédé permet d'introduire une dissonance avant de faire entendre le son réel de l'accord.

06.2
Analyse

Messiaen présente ce fragment dans une section concernant l'accord de dominante qu'il construit à partir de toutes les notes de la gamme : c'est l'accord pandiatonique.

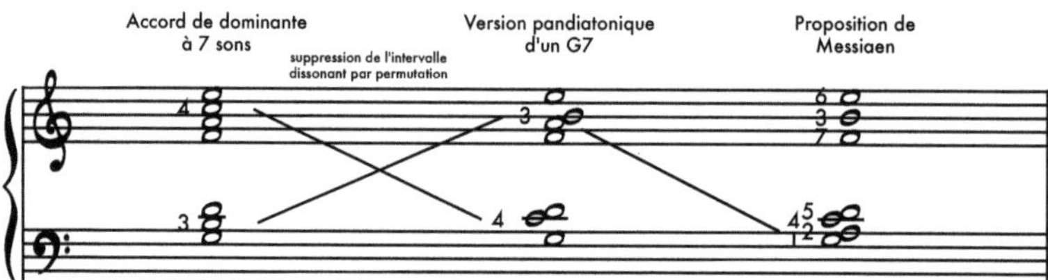

On observe dans la structure d'accord proposée par Messiaen un accord de quarte reposant sur un genre de cluster, aussi composé de quartes et faisant apparaître des intervalles de secondes majeures. Il est important de noter que Messiaen considère les deux notes supérieures Si et Mi comme des notes ajoutées.

Et voici maintenant la partie intéressante de l'histoire : Messiaen nous propose d'ajouter une appogiature à ces notes ajoutées, mais celles-ci sont étrangères à l'accord et à la gamme dont il est issu.

Cette ouverture nous offre deux types de possibilités :

- Harmonique : possibilité d'approcher l'accord réel par des notes étrangères
- Mélodique : possibilité d'aborder le concept de bitonalité dans l'improvisation

06.3
Bitonalité en contexte mélodique

Commençons avec deux gammes dont l'une est éclaircie de 2# par rapport à l'autre, soit deux gammes située à un ton d'écart l'une de l'autre. L'éloignement est modérée et la tension agréable.

Je remanie ces deux gammes pour qu'elles démarrent depuis la note sol. On se retrouve dans le contexte proposé par Messiaen et on comprend assez facilement la provenance de ces deux notes étrangères qu'il utilise.

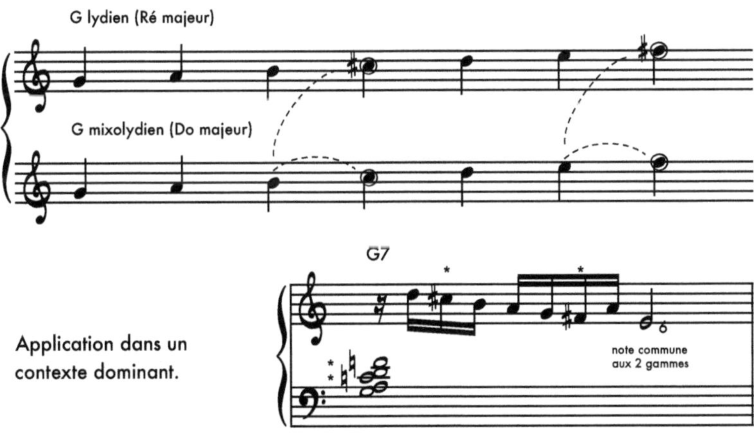

Application dans un contexte dominant.

Dans l'exemple précédent, l'accord pose explicitement le contexte harmonique : un accord de dominante qui appelle le mode mixolydien à l'oreille. Dans la partie supérieure, les notes étrangères (*) flottent librement au dessus de la résonnance de l'accord central et ne se heurtent pas directement aux notes de la main gauche. L'effet est agréable et presque onirique. La phrase termine sur une note commune aux deux gammes mettant fin à l'effet. On sent quand même dans ce passage le principe de tension/résolution dans la manière de construire la phrase et j'ai l'impression que le poids de l'accord de dominante est fortement allégé par l'effet de bitonalité.

Voici d'autres exemples avec bifurcation et retour de la mélodie vers la gamme génératrice de l'accord de main gauche, dans un esprit de jeu in/out fréquent dans le jazz.

Essayons cette fois sur un accord tonique, soit une base d'accord majeur.

Superposition de Ré majeur (2#) sur Sol majeur.

Superposition plus éloignée : La majeur (3#) sur Sol majeur.

Encore plus éloigné :
Mi majeur (4#)
sur Sol majeur.

Bien plus éloigné :
Si majeur (5#)
sur Sol majeur.

Essayons maintenant sur une base d'accord mineur.

Superposition de
Fa majeur sur un accord
de Fm7 (II de Eb majeur)

Une petite combinaison mixte ici :

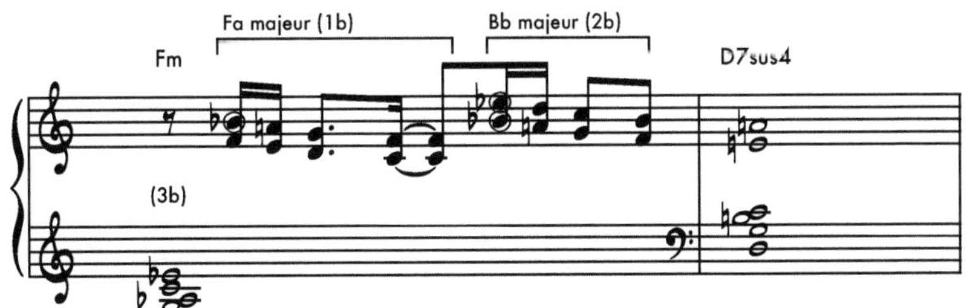

06.4
In/out dans le jeu jazz

On pourrait faire un parallèle avec le jeu in/out que l'on retrouve dans le jazz et démocratisé par le pianiste Mc Coy Tyner grâce à l'utilisation étendue des accords de quartes. Ce type de jeu donne lieu à des passages d'une dissonance exceptionnelle particulièrement sur les longues plages d'accords. Voici un exemple simple mais représentatif. La main droite navigue entre les pentatoniques pendant que la main gauche marque la tonalité.

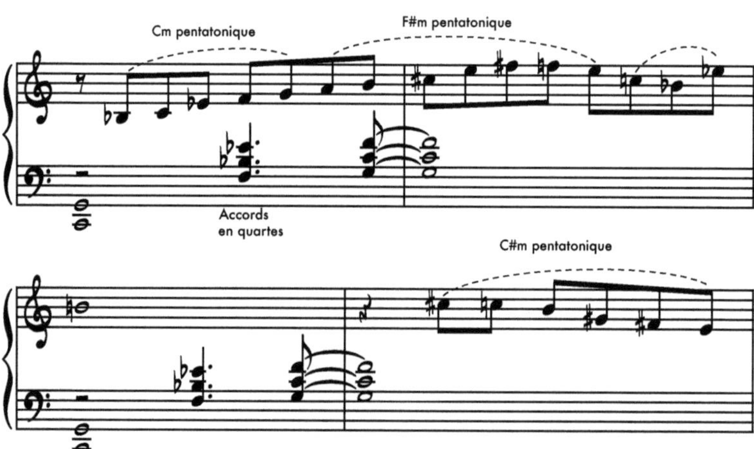

Essayons d'appliquer le concept de bi-tonalité étudié précédemment pour amener du nouveau dans nos habitudes !

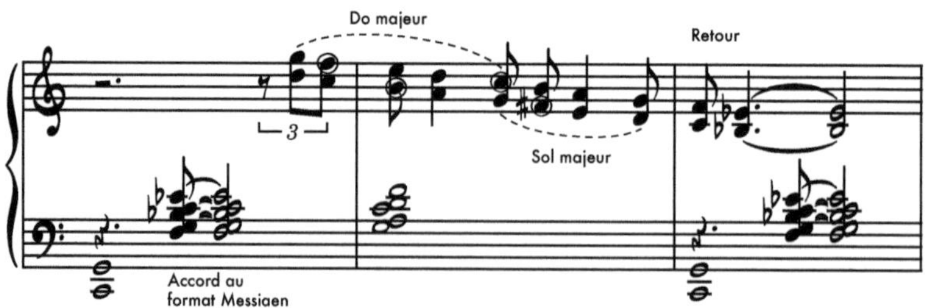

Voici les calculs :

- Exemple en Do dorien, soit la gamme mère : Bb majeur
- 1# plus clair : Fa majeur
- 2# plus clair : Do majeur
- 3# plus clair : Sol majeur

Libre à chacun de développer son petit système mental pour se souvenir des relations d'éloignement qui lui plairont !

06.5
Accords appogiaturés

Le sujet est vaste et infini de possibilités ! Je me contenterai ici d'extrapoler l'exemple donné par Messiaen. Dans un contexte harmonique cette fois, le but serait alors d'approcher les notes d'enrichissements d'un accord par des notes proches mais étrangères. Explorons cela sur un format d'accord plus commun.

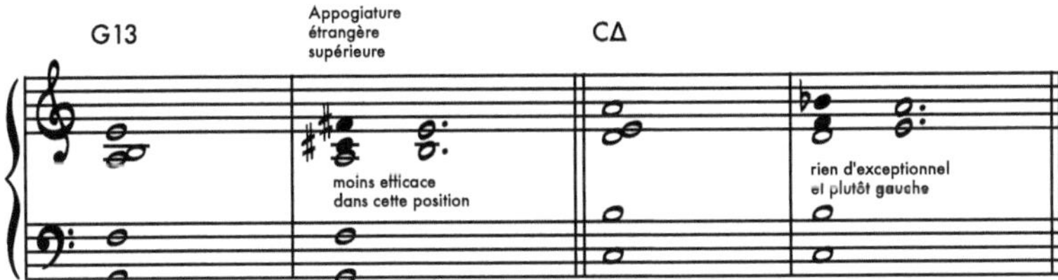

Je ne trouve pas le résultat particulièrement extraordinaire. On ne retrouve pas le son de Messiaen. Essayons avec des positions communes plus resserées.

Ça devient plus intéressant. On note qu'une position plus serrée rend possible l'appoggiature par les notes étrangères supérieures tel que présenté par Messiaen et offre même la possibilité d'un mouvement inférieur qui fait apparaître une super-structure ! Je dispose à nouveau les accords G13 et CΔ mais en position reserrées.

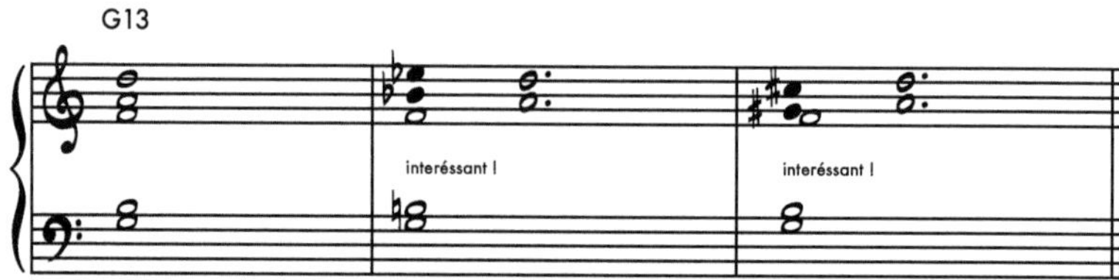

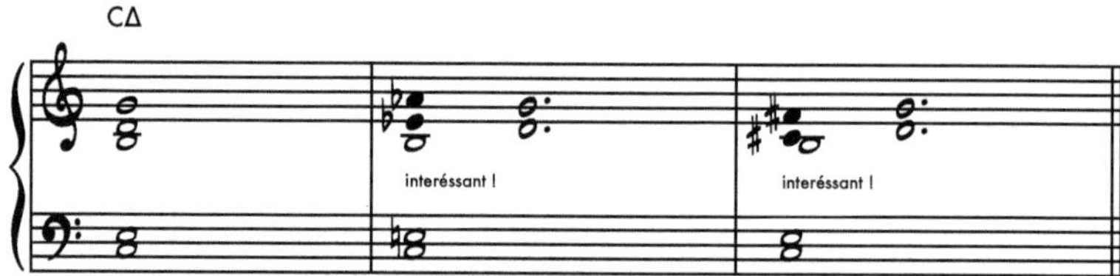

Revenons aux accords pandiatonique dont l'effet de cluster est peut-être la clef dans l'obtention de ce son si particulier.

La réponse est indiscutable ! Plus la position est resserée plus l'effet est intense. Poursuivons.

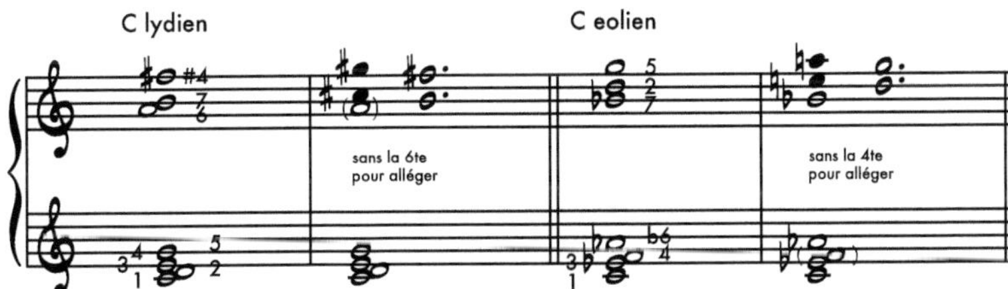

Visiblement, les modes phrygien et locrien ne permettent pas d'isoler une quinte ou une quarte supérieure qui pourrait donner lieu à une appoggiature assez franche et située à un ton d'écart. Je propose une autre solution en utilisant les tierces. Le son obtenu est différent, moins imposant. Chacun pourra se faire sa propre idée.

Quelle belle surprise ! Les accords pandiatoniques remaniés de cette façon ouvrent de nouvelles portes vers des couleurs surprenantes.

06.6
Conclusion

Je trouve que la principale différence mélodique entre le jeu pentatonique et le jeu bitonal réside dans la gestion des dissonances. En bitonalité, celles-ci apparaissent grâce aux demi-tons présents dans la gamme choisie, plus ou moins éloignée de la tonalité de base, que l'on a envie de traverser plus conjointement. À l'inverse, les gammes pentatoniques excluent ces demi-tons, ce qui donne un son plus brut lors des changements. Suivant l'éloignement de votre pentatonique vous attaquerez plus ou moins directement les notes considérées comme dissonantes par rapport à la tonalité de base.

Ainsi, il me semble que le jeu pentatonique produit une sonorité directe et épurée, tandis que la bitonalité offre une palette plus subtile et fondue. Bien sûr, cette perception reste subjective, et chacun, selon sa façon d'enchaîner les notes, pourrait ressentir et décrire cette différence autrement.

Messiaen nous donne ici du fil à retordre. Intégrer ces principes dans notre langage musical spontané demande de la pratique, surtout si l'on veut être à l'aise dans toutes les tonalités. Déjà que les accords pandiatoniques nécessitent une certaine dose de calcul mental, les agencer de manière à y faire apparaître deux notes à appoggiaturer au détour d'une mélodie relève d'un véritable défi ! Un défi somme toute gratifiant, surtout avec les superbes couleurs qu'il promet.

07.
TOUR D'HARMONIE

Erik Satie,
Fragment extrait de la Gnossienne n°2

Wolfgang Seifen,
Fragment d'improvisation à l'orgue sur le cantique Wunderschön Praktige

MOUVEMENT PARALLÈLE LYDIEN ET SUBSTITUTION PAR TIERCE HOMONYME

07.1
Passage original

Je ne suis pas très familier avec le langage de Satie, mais ces derniers temps, quelques élèves m'ont spontanément demandé de jouer les *Gnossiennes*. Ces trois mesures de la deuxième *Gnossienne* m'ont particulièrement interpellé. Satie semble avoir développé un goût pour les progressions harmoniques mystérieuses, s'éloignant délibérément des sentiers battus. D'après mes observations, il puise souvent dans des systèmes harmoniques plus exotiques, comme le mineur harmonique et le majeur harmonique, créant ainsi des cadences uniques. Dans ce passage, c'est l'aspect modal que je voudrais détailler ici.

07.2
Simplification

Voici une progression dont la compréhension ne m'est pas si évidente : une succession de trois accords majeurs, accompagnée d'une mélodie qui ne définit pas clairement le contexte harmonique. En particulier, l'accord de F# où la mélodie se contente de la quinte et de la tierce, laissant ainsi une large place à l'imagination. Commençons par essayer de nous rapprocher de cette séquence en explorant des mouvements plus familiers.

07.3
Exploration

J'ai tout d'abord pensé au tétrachorde descendant de la règle de l'octave dans le ton de Bb mineur :

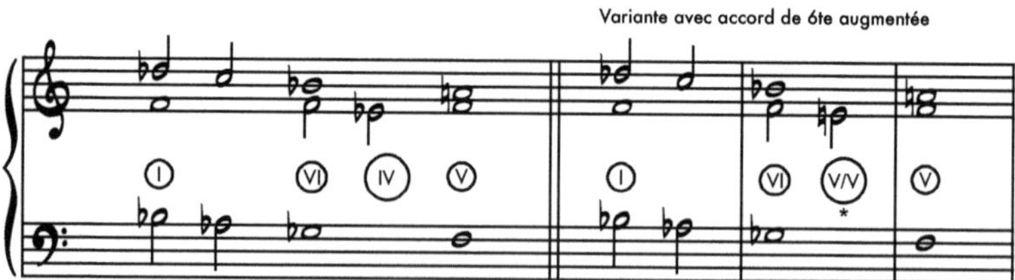

On reconnait la
demi-cadence phrygienne,
spécifique au mode mineur

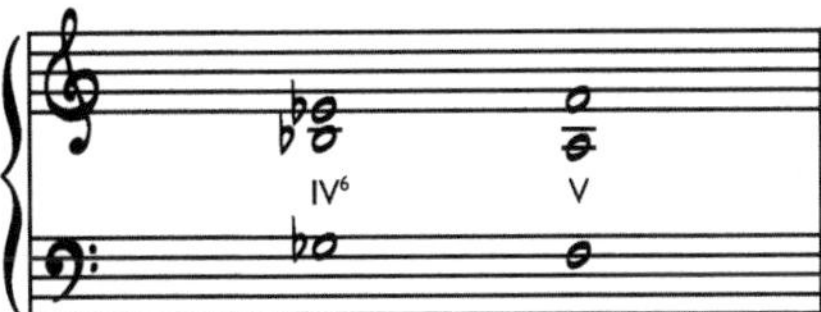

Et maintenant, voici la gamme sur laquelle naviguer au dessus de cet accord. On
retrouve sans surprise les notes du mineur naturel.

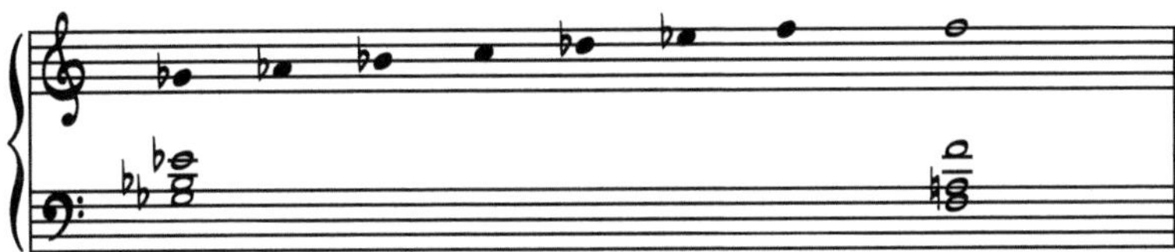

L'analogie suivante entre le IV et VI fait apparaitre le mode lydien :

Et pour finir, on arrive enfin par observer un parallélisme modal :

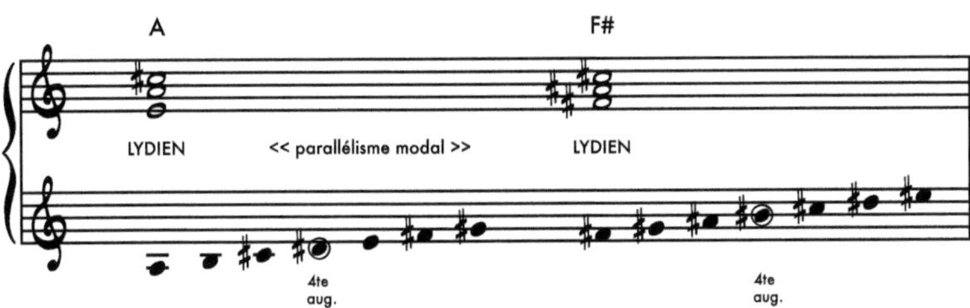

Pour conclure ces observations, notons l'effet incroyable généré par la substitution harmonique d'un accord depuis sa tierce que j'appellerai dans ce document *substitution par tierce homonyme* :

Importons cette astuce dans la règle de l'octave sur le tétrachorde descendant. Comparer avec la figure de base de la page 40. Quel beau tour d'harmonie !

Simple application mélodique illustrant le parallélisme lydien.

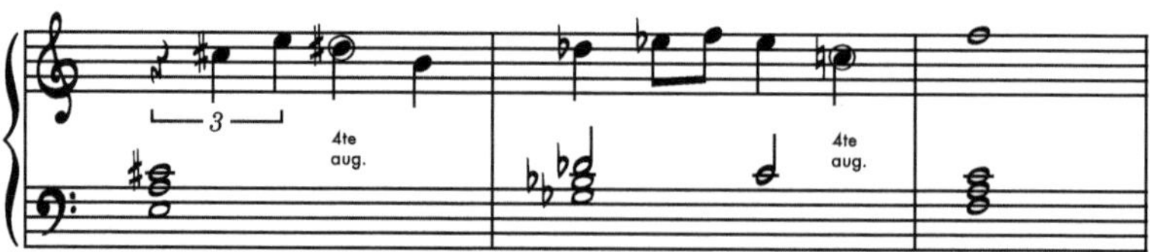

En résumé, nous avons extrait deux principes :

- Substitution d'un accord tonique mineur via sa tierce pour un accord majeur avec quarte augmentée (Bbm et A∆#11)
- Création d'un mouvement parallèle modal, ici avec le mode lydien, dans une progression harmonique, en supplément ou en ré-harmonisation

07.4
Application classique

Voici une mélodie dont je propose, dans la troisième mesure, une imitation au IIe degré. Comparez avec la version b dans laquelle j'applique le concept étudié précédemment.

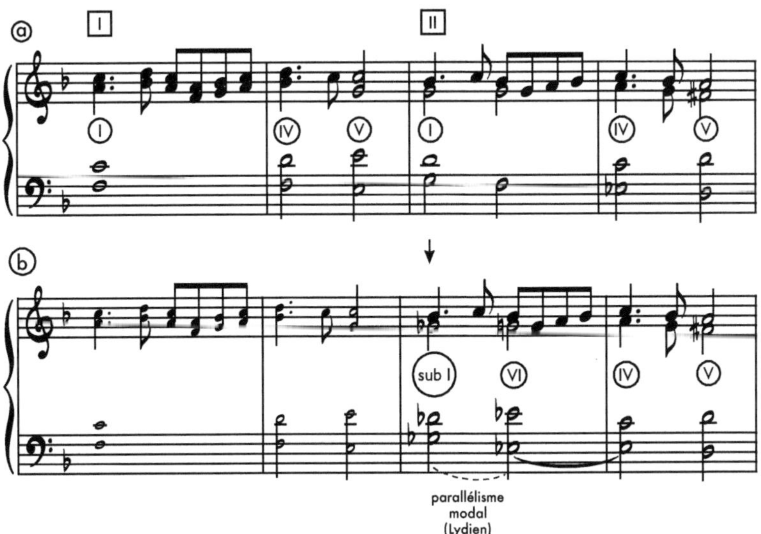

Sacré virage ! Un deuxième paramètre entre en jeu dans l'effet de cet enchaînement harmonique.

Le lien tritonique est en cause ici. On retrouve dans cette séquence l'amorce de la cadence napolitaine pile à la transition entre les deux phrases. Virage très serré donc !

Inversement, observons un contre exemple dans lequel on se dirigerait vers un degré naturellement majeur : le IVe par exemple, sur lequel on n'applique donc pas la substition. Résultat : saveur tonale classique sans le piquant de l'exemple précédent. L'accord de Do majeur se dirige vers l'accord de Sib majeur. À un ton d'écart, il n'y a évidemment pas d'effet de tension spécifique.

Ajoutons une petite douceur chromatique entre le IV et le V en fin de phrase pour marquer la demi-cadence finale !

07.5
Application moderne

Prenons un exemple condensé depuis la mesure 9 du standard *My Funny Valentine*. Les substitutions ouvrent un terrain de jeu idéal pour divaguer et paraphraser le thème à travers de nouvelles harmonies. Une astuce intéressante pour une introduction, un interlude ou une sortie de morceau !

Retenez la magnifique cadence I°- I ci-dessus que je développerai plus loin. Pour l'instant, utilisons la technique du parallélisme modal à la suite de la substitution par tierce homonyme.

07.6
Application du parallélisme modal et exercices d'improvisation

Essayez d'enchainer parallèlement plusieurs harmonies lydiennes et savourez cette couleur très particulière. Plus brillante que la gamme majeure, elle dégage une ambiance encore plus douce et suspendue.

Utilisons ces éléments comme base pour l'improvisation modale dont voici quelques idées de contraintes :

- Générer un enchainement harmonique, symétrique ou non, basé sur le mode lydien, et improviser du contenu mélodique qui le relie
- Improviser une mélodie dont vous ponctuerez les points d'appui ou les conclusions à l'aide d'harmonies lydiennes
- Conserver la mélodie d'un morceau existant et ponctuer ses appuis ou ses conclusions grâce aux sonorités lydiennes
- Transformer ou réinterpréter la mélodie d'un morceau existant dans le mode lydien et ponctuer ses appuis ou ses conclusions grâce à ces sonorités
- Appliquer à nouveau ces trois points en changeant de modes

07.7
Idées d'improvisation tonale

- Laisser votre oreille improviser, chanter, vous dicter une suite mélodique à cette séquence
- Harmoniser cette nouvelle mélodie
- Si vous en avez la capacité, harmoniser simultanément la mélodie que vous improvisez
- Si vous n'arrivez pas à développer cette mélodie spontanément, inspirez-vous de ses intervalles caractéristiques pour en créer une nouvelle. En copiant sa forme et sa direction, vous créerez à votre tour une mélodie cohérente. Observez, composez, écrivez, testez, effacez et recommencez ! Explorez, transformez, majeur, mineur, tonal, modal, imitez, modulez !

Voici un exemple accessible, en Do, basé sur la mélodie utilisée plus tôt dans ces pages, pour vous aiguillez si besoin :

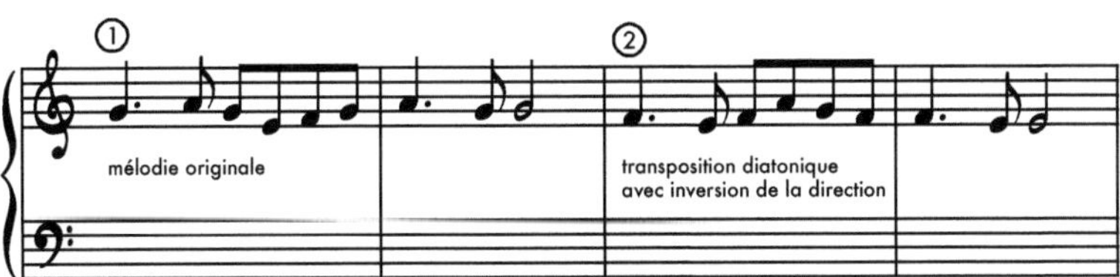

À suivre dans
l'exploration 09 ...

... vous pourriez même créer, à partir de ce matériel de base, une courte pièce :

- les phrases 1 à 4 formeraient une première section (A)
- la phrase 5 pourrait initier une section (B) ...

07.8
Substitution par tierce homonyme chez d'autres musiciens : Wolfgang SEIFEN

Ce sujet me rappelle l'une de mes transcriptions partielles d'une improvisation de *Wolfgang Seifen*, professeur d'improvisation à l'*Universität der Künste* de Berlin. Je suis particulièrement fasciné par les organistes improvisateurs et leur capacité à naviguer à travers l'harmonie, armés d'une connaissance aiguisée du contrepoint mais aussi des techniques modernes. Dans cette transcription, les virages sont impressionnants, et particulièrement dans le fragment suivant, qui met en lumière le sujet du jour.

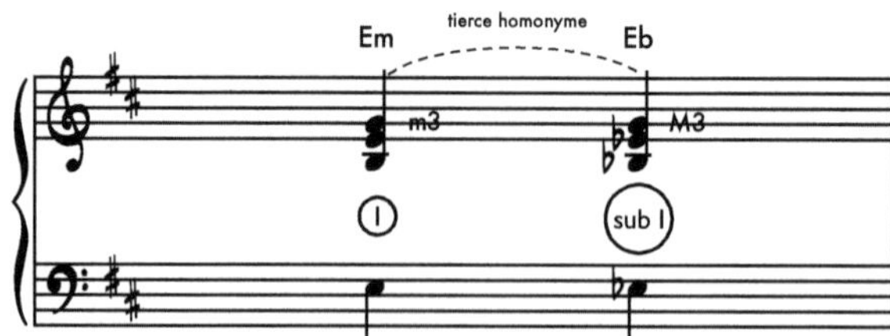

Cette fois l'astuce harmonique apparait en résolution de phrase. En voici les étapes :

• L'exemple est tiré d'un cantique à Marie, *Wunderschön Praktige*. Je propose une harmonisation simple ci-dessous. C'est une cadence vers le degré II de Ré majeur.

Regardez l'intégration de la substitution par tierce homonyme qui permet de conclure le passage sur un accord de Mib majeur à la place du Mi mineur.

Zoom sur cette deuxième mesure.

• Replaçons l'astuce dans son contexte dont je vous présente la structure harmonique, proposée par W. Seifen.

Une proposition de réalisation. Comparer les figures 1 et 2. Quel virage ! La mélodie ne change absolument pas. On est dans un cas de réharmonisation.

Notez également que ce virage vers l'accord de Mib majeur est amené par un accord diminué. On reconnait la cadence I° - I que l'on a déjà étudié dans l'*Exploration 02* qui traitait déjà de pédale d'harmonie ainsi qu'à la page 45 de ce livret dans un exemple sur un standard de jazz.

07.9
L'accord diminué : appogiature de l'accord tonique

C'est l'occasion d'observer, en action, les capacités modulantes de l'accord diminué :

- comme fonction dominante, extension du degré V, familière aux jazzmen
- comme fonction sous-dominante, avec un mouvement plagal IV7 - I
- sur une pédale de tonique, comme appogiature de l'accord tonique I°- I

Ce lien par la pédale de tonique permet le virage étudié dans cette exploration. La figure suivante présente les directions possibles depuis l'accord diminué sur pédale de tonique.

07.10
Le degré Napolitain

W. Seifen ajoute un petit supplément au début de la progression, une saveur supplémentaire qui montre encore une fois sa capacité à saisir les opportunités de colorisation et d'ajout de tension dans son jeu : un bref appel au degré Napolitain. Nous voilà enfin à la version finale de ces deux mesures. Observez la descente chromatique de l'alto :

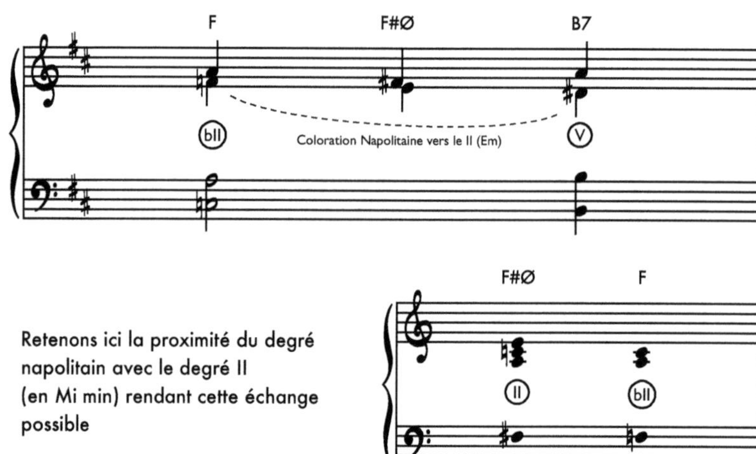

Retenons ici la proximité du degré
napolitain avec le degré II
(en Mi min) rendant cette échange
possible

Pour finir cette étude, voici une réalisation de la structure harmonique complète de ce passage réharmonisé par W. Seifen.

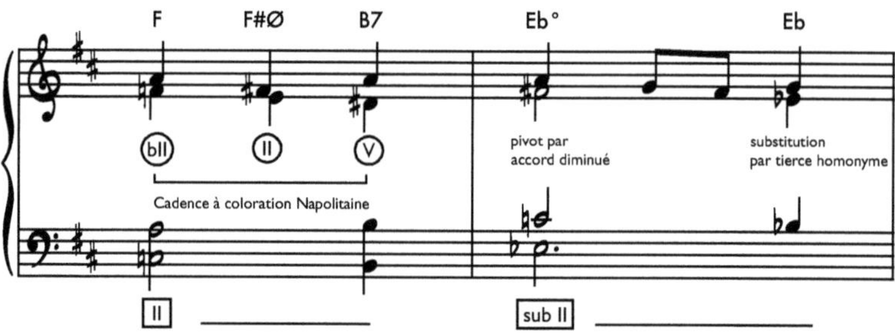

Comparez une dernière fois avec l'harmonie initiale, que j'ai reporté sur la page ci-contre, pour mesurer la qualité des tours d'harmonie que l'on vient de décortiquer :

07.11
Conclusion

Cette exploration montre encore une fois à quel point la couleur est essentielle en musique. Ces petits tours de magie harmonique donnent vie à une séquence pourtant simple et la transforme en une vraie petite œuvre d'art. On a envie de s'y attarder un instant, juste pour apprécier le talent ou encore l'idée fulgurante qui se cache derrière. De la même manière qu'on s'assoit devant une oeuvre d'art pour en apprécier comment les détails et la technique servent la profondeur du rendu. Selon notre sensibilité et notre capacité à nous familiariser avec ces subtilités, il devient alors difficile de faire marche arrière. La simplicité harmonique devient parfois synonyme de fadeur si elle n'est pas enrichie d'autres éléments qui viennent colorer le résultat final.

08.
PLAT SIGNATURE

Maurice Ravel,
Prélude en La mineur

TIERCES MAJEURES CHROMATIQUES ET NOTE COMMUNE

08.1
Passage original

Je reviens une nouvelle fois sur le *prélude en La mineur* dans lequel on retrouve de nombreux mouvements harmoniques caractéristiques du compositeur dont j'apprécie énormément le vocabulaire, exposé ici avec simplicité. Le fragment que je vous présente est pour moi une marque de fabrique de son style d'écriture et de son langage harmonique. J'ai sélectionné deux autres passages issus de pièces plus complexes comme les *Valses Nobles et Sentimentales* et les *Miroirs,* pour mettre en avant leurs similitudes et observer la capacité de Ravel à traiter un même concept harmonique en y apportant de la variété.

08.2
Valse IV

Voici le deuxième passage qui apparait dans les quelques premières mesures de la valse IV des *Valses Nobles et Sentimentales*. Cet ensemble de valses est, de mon point de vue, une mine d'or de procédés harmoniques d'une élégance extraordinaire.

08.3
Noctuelles

Et enfin, le troisième passage dans la pièce Noctuelles, tirée des *Miroirs* de Ravel. Une oeuvre complexe dans laquelle on profite du génie harmonique du compositeur.

08.4
Simplification du prélude

- Les tierces majeures descendent chromatiquement sous une note commune qui fait office de note pédale.
- Cette note pédale se situe à la mélodie alors qu'on la rencontre habituellement à la basse
- On identifie certaines triades connues (augmentée, mineure)

Pour retrouver l'origine harmonique de ce mouvement, je supprime la note commune et j'obtiens cette séquence qui fait appaitre une cadence phrygienne.

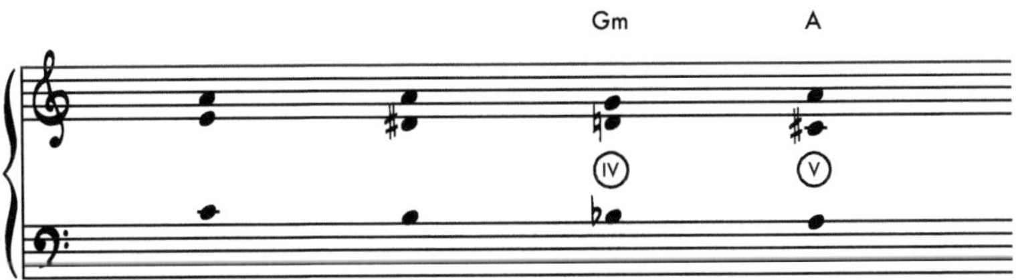

08.5
Cadence Phrygienne : Rappel

La cadence phrygienne est un type de demi-cadence qui enchaine le IVe degré renversé, au Ve degré.

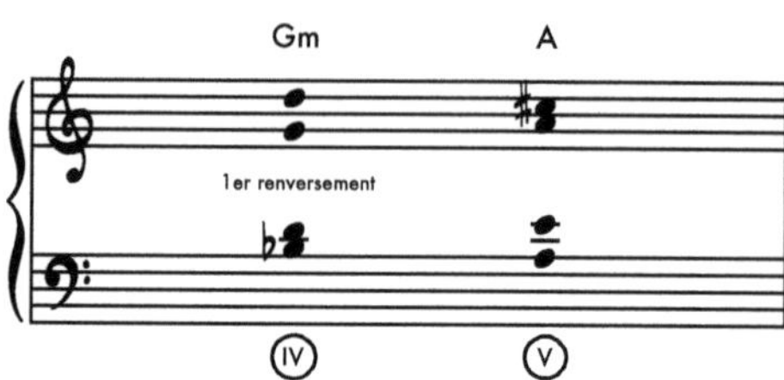

08.6
Lament Bass

Observez la séquence ci-dessous basée sur le tétrachorde de la gamme de Ré mineur. Celui qui mène de la tonique à la dominante dans un mouvement descendant. Ce motif harmonique qui porte le nom de *Lament Bass* pourrait bien avoir inspiré Ravel.

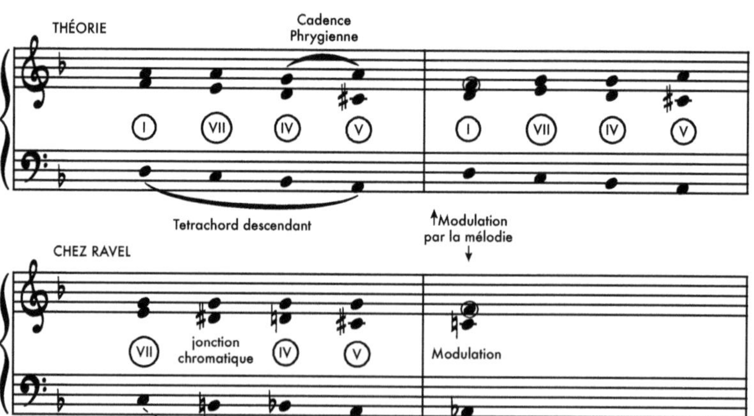

On peut maintenant déduire plusieurs séquences.

Voici une première qui poursuit la modulation originale et navigue sur 3 tonalités selon un principe de transposition symétrique. L'octave est découpée en 3 parties égales soit 3 tierces majeures.

Une deuxième identique dans laquelle je replace la note pédale pour coller à l'idée originale de Ravel.

Une troisième au départ de la triade augmentée et dans laquelle l'octave est divisé en 4 parties égales. On obtient 4 tonalités distantes d'une tierce mineure cette fois.

Une quatrième au départ d'un deuxième renversement avec division de l'octave en 3.

Idem avec division de l'octave en 4.

08.7
Aparté sur la sixte napolitaine

Après toutes ces manipulations de tierces parallèles m'est venu une anologie avec la sixte napolitaine. Observez et faites-vous votre propre idée !

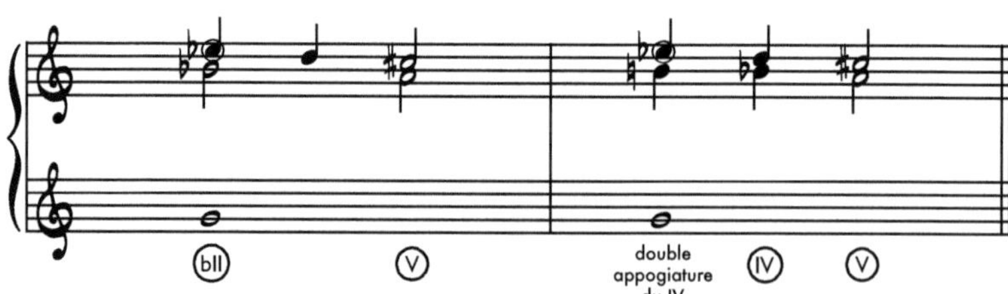

08.8
Simplification de la valse IV

Ce passage présente les mêmes caractéristiques que celles analysées précédemment. Les mouvements de tierces majeures s'intègrent cette fois dans une grande cadence parfaite en Lab majeur. Le degré V, rallongé, sert de pédale d'harmonie à toutes ces variations de couleurs générées par les chromatismes. À la main droite, on distingue un accord à quatre sons, et non plus une simple triade. L'effet obtenu est ainsi plus élaboré.

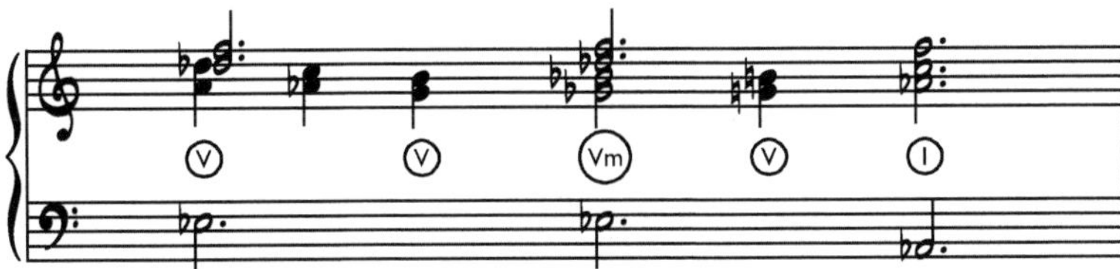

On retrouve la séquence du prélude à l'identique, avec son départ sur la triade augmentée !

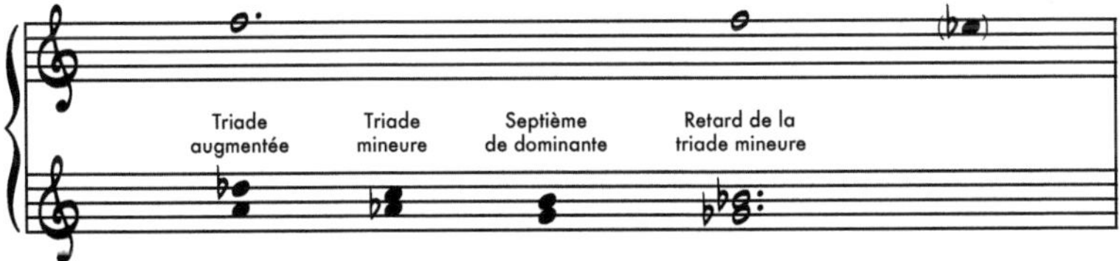

Le choix des basses que Ravel ajoute à cette séquence nous révèle sa vision de ce mouvement harmonique. Le son est typique du début du XXe siècle et se retrouve facilement dans d'autres styles, comme le Ragtime et les débuts du jazz.

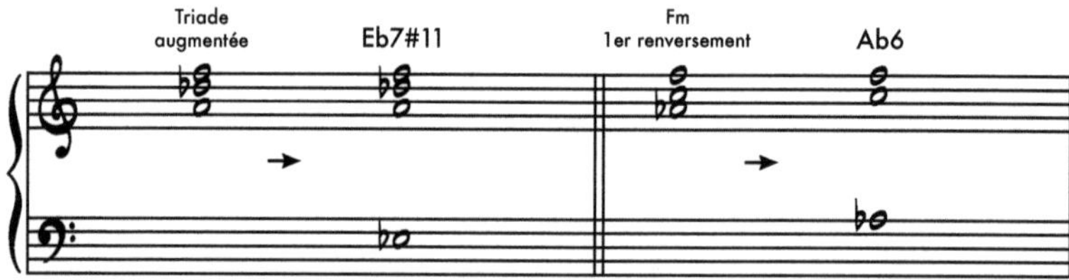

On en déduit alors un bel enchaînement de couleurs qui paraîtra très familier aux amateurs de jazz ! Comment joueriez-vous ce passage de nos jours ?

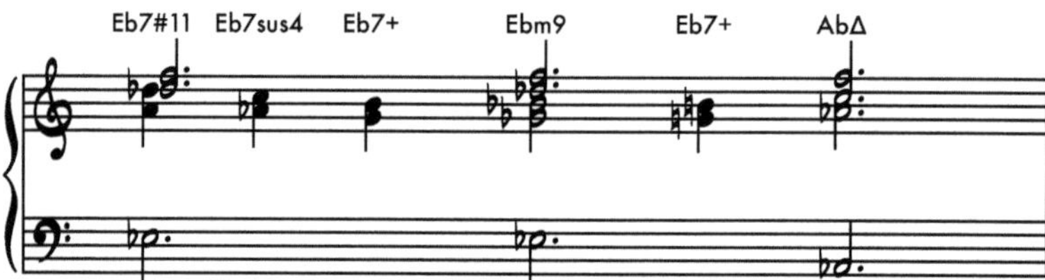

08.9
Simplification de Noctuelles

Dans ce passage tiré de *Noctuelles*, on aperçoit un nouvel accord incomplet (*) dans cette séquence en aller/retour.

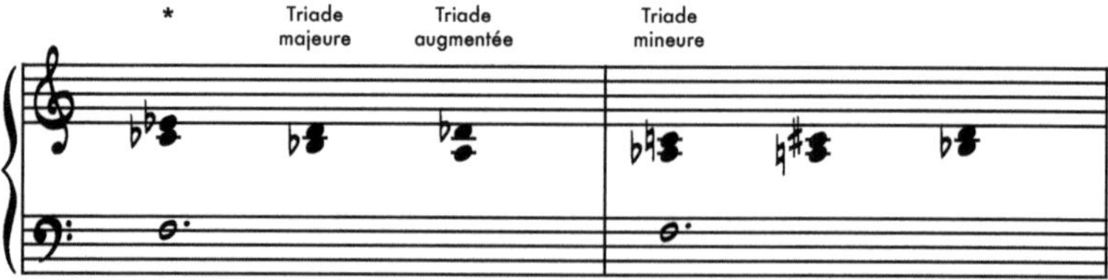

Une autre cadence phrygienne cachée ?

Puis renversée sur la note commune aux trois accords !

En tout cas, on reconnaît l'accord demi-diminué, VIIe degré de la gamme majeure.

08.10
Grande séquence

Dans cette section, il pourrait maintenant être intéressant de se créer des séquences plus ou moins longues qui unifient toutes ces idées. Les possibilités ne manquent pas !

Notez vos idées, et si ce sujet vous en inspire d'autres, n'hésitez pas à les écrire et à les partager !

08.11
Improvisation

L'exercice idéal, bien que exigeant, pour assimiler et récapituler toute nouvelle information dans votre langage musical : *l'improvisation* ! Véritable terrain d'exploration, elle permet de développer et de transformer chaque idée afin de créer de nouveaux automatismes. Mais c'est aussi l'occasion de conjuguer l'intuition musicale et le travail de l'oreille, renforçant ainsi un jeu plus fluide et spontané.

Un exercice auquel je me prête de plus en plus au fil de ces explorations.

08.12
Petit plus

Comme vous avez pu le remarquer Ravel démarre sa séquence chromatique à partir de trois formes principales de triades. Je vous invite donc à explorer les accords fréquents dans lesquels apparaissent ces triades. Voici quelques pistes :

- *La triade augmentée est présente dans ces accords (que j'ai parfois épuré)*

- *La triade mineure renversée ou non*

- *La triade majeure renversée ou non* dont je ne donnerai pas d'exemple étant donné que l'on peut la poser sur n'importe quelle basse. Les structures obtenues permettent toutes, en théorie, d'initier la séquence.

- *L'accord incomplet (*)* et *l'accord de dominante* que je considère comme la résultante des mouvements ascendants ou descendants au départ des triades mentionnées précédemment.

08.13
En bonus

Je vous livre trois passages supplémentaires que je trouve extraordinaires.

- Simplification d'un magnifique fragment de la valse V basé sur un genre de II - V dont la résolution est inattendue. Notez la dissonance à la main droite en début de passage. Je vous invite bien entendu à aller lire la version originale de Ravel.

- Voici un deuxième extrait, légèrement différent, tiré de la même valse. Ici Ravel déplace chromatiquement un accord majeur renversé complet dans lequel on retrouve évidemment les tierces majeures que l'on a étudié jusqu'à maintenant. La mélodie se pose dans la partie supérieure et on retrouve la note commune à la basse. Tout y est !

- Et le dernier ! C'est une variante du passage de la valse IV exposé dans la section 08.2 sous la forme d'une hémiole. L'harmonie est intriguante et on peut reconnaître une progression du type VI7 - Im. Le principe de conduite des tierces est légèrement différent dans cet exemple mais n'en est pas moins plaisant !

08.14
Conclusion

Magnifique ! Que dire de plus... Tous ces mouvements harmoniques sont simplement géniaux : colorés, ingénieux, et capables de surprendre par l'inattendu et la dissonance, le tout avec une élégance indiscutable ! Ravel possède une signature harmonique unique, qui ne cessera de captiver mon attention.

Cette exploration met en lumière les différents points de départ de ses séquences et clarifie leur mouvement harmonique type, permettant ainsi à chacun d'intégrer de nouveaux automatismes et d'imaginer ses propres chemins. De quoi enrichir son jeu moderne avec des sonorités impressionnistes évocatrices et rêveuses.

INDEX DE CONCEPTS D'IMPROVISATION ISSUS DES EXPLORATIONS

00.1
Improvisation modale

- Générer un enchaînement harmonique, symétrique ou non, basé sur un mode, et improviser du contenu mélodique qui le relie

- Improviser une mélodie aléatoire dont vous ponctuerez les points d'appui ou les conclusions à l'aide de l'accord caractéristique d'un mode (exemple : le mode lydien)

- Conserver la mélodie d'un morceau existant et ponctuer ses points d'appui ou ses conclusions avec l'accord caractéristique d'un ou plusieurs modes au choix

- Transformer ou réinterpréter la mélodie d'un morceau existant dans un nouveau mode et ponctuer ses points d'appui ou ses conclusions avec des accords caractéristiques de ce mode

- Utiliser la mélodie d'un morceau existant et ponctuer ses points d'appui ou ses conclusions avec les accords caractéristiques de différents modes

00.2
Improvisation tonale

- Partir d'un fragment mélodique donné et lui inventer une suite :

    - Sans cadre, ni contrainte : se laisser aller
    - Avec cadre : se fixer une forme ou une destination précise
    - En deux temps selon votre niveau : d'abord la mélodie puis son harmonisation

- Paraphraser une mélodie : se servir de son ADN mélodique pour développer du contenu supplémentaire

00.3
Improvisation thématique

- Utiliser une mélodie existante, la débarasser de son harmonie et la réharmoniser à l'aide d'un outil spécifique

- Générer une improvisation mélodique et l'harmoniser à l'aide d'un outil spécifique

Bloc-notes